ÉLOGE

DE

G. J. B. TARGET,

Ancien Avocat au Parlement de Paris, Magistrat en la Cour de Cassation, Membre de la Légion d'Honneur, et de la Classe de la Langue et de la Littérature française de l'Institut impérial,

PRONONCÉ

En l'Audience publique de la Cour de Cassation, tenue par les Sections réunies, le 31 août 1807, pour la réception de M. GUIEU, nommé à la place vacante par le décès de M. TARGET;

PAR M. MURAIRE,

Conseiller d'État, Premier Président de la Cour de Cassation, Grand Officier de la Légion d'Honneur.

Imprimé par Délibération de la Cour de Cassation.

A PARIS,

De l'imprimerie de XHROUET, rue des Moineaux, n°. 16.

1807.

ÉLOGE

DE

G. J. B. TARGET,

Ancien Avocat au Parlement de Paris, Magistrat en la Cour de Cassation, Membre de la Légion d'Honneur, et de la Classe de la Langue et de la Littérature française de l'Institut impérial,

Prononcé en l'Audience publique de la Cour de Cassation, le 31 août 1807.

MESSIEURS,

M. TARGET, ancien avocat au parlement de Paris, magistrat en la cour de cassation, membre de la légion d'honneur, et de la classe de la langue et de la littérature française de l'institut impérial, étant mort dans un moment où ses affaires personnelles venoient de l'éloigner de nous, vous n'avez pu lui rendre ces

A

derniers honneurs, qui, inutiles sans doute à celui qui n'est plus, sont cependant un hommage à sa mémoire, et pour les survivans une instruction utile, en leur apprenant que si l'homme meurt, le bien qu'il a fait, l'estime qu'il s'est acquise, la réputation qu'il laisse, ne meurent pas.

Pour suppléer à ce devoir de justice et de confraternité, que vous n'avez pu remplir, vous avez voulu que l'éloge de M. Target fût prononcé dans cette enceinte et dans la séance consacrée à la réception de son successeur.

Eh! quel choix plus heureux pouviez-vous faire du lieu et de la circonstance!

Ici, tout retrace les souvenirs les plus honorables pour M. Target. Ici, tout rappelle ses travaux, ses talens, ses succès; et, dans l'instant même où son successeur vient d'être admis dans ce temple, prononcer devant lui l'éloge du magistrat qu'il vient remplacer, n'est-ce pas lui offrir le plus riche sujet de méditation et d'émulation?

Chargé de l'honorable et triste mission d'offrir aux mânes de ce magistrat le tribut de nos sentimens et de nos regrets, je me défendrai de toute prévention comme de toute partialité; j'écarterai toute prétention, tout faste oratoire;

je serai plus historien que panégyriste ; l'éloge
d'un magistrat doit être grave comme le ministère qu'il remplit, vrai comme les décisions de
la loi dont il fut l'organe, simple comme sa
vie, et celle de M. Target fut remplie avec trop
d'utilité, elle présente un assez grand intérêt,
pour que le récit que je viens vous en faire
appelle aucune ressource empruntée, aucun
secours étranger.

Guy-Jean-Baptiste TARGET naquit à Paris
le 17 décembre 1733, de Jean-Baptiste Target,
avocat au parlement, et de Madeleine Gohier
d'Armenon.

La sollicitude des parens du jeune Target
étant devenue plus inquiète par la perte qu'ils
avoient faite de cinq autres enfans, ils ne vou-
lurent pas perdre celui-ci de vue, et ils s'adon-
nèrent entièrement à son éducation. Il suivit,
pendant six ans, les exercices du collége Maza-
rin ; mais chaque jour il rentroit sous le toit
domestique, où de bons maîtres, de bons exem-
ples et les leçons plus efficaces de l'amour pa-
ternel hâtoient et mûrissoient les fruits de ses
études.

Le jeune Target étoit doué d'un tempérament
vif ; mais préservé, par la sagesse qui veilloit sur

lui, de toute occasion de dissipation, cette vivacité se tourna en ardeur pour le travail; il en contracta bientôt l'heureuse habitude, et il se pénétra tellement du sentiment de son utilité, que, dans des vers qu'il fit à neuf ans, tels qu'on en fait à cet âge, il disoit, comme s'il eût été agité par le pressentiment de sa destinée : *Je veux que mon bonheur sur le travail se fonde.*

Des progrès rapides, des compositions brillantes, des prix justement obtenus à la fin de chaque année scolaire présagèrent, et ce présage n'a pas été trompeur, les succès qui l'attendoient dans la carrière à laquelle il se destinoit.

Ses études finies en 1748, et après avoir fait ses cours de droit, M. Target fut reçu avocat au parlement de Paris, le 6 juillet 1752.

« Mais quels trésors de science », disoit l'immortel d'Aguesseau, « quelle variété d'érudi» tion, quelle sagacité de discernement, quelle » délicatesse de goût ne faudroit-il pas réunir » pour exceller dans le barreau ! Quiconque » osera mettre des bornes à la science de l'avo» cat, n'a jamais conçu une parfaite idée de la » vaste étendue de cette profession (1) ».

---

(1) Discours, des causes de la décadence de l'éloquence.

Cette idée, M. Target l'avoit heureusement conçue et embrassée : éclairé, agité par elle, il sentit fort bien que, pour avoir été reçu avocat à l'âge de dix-neuf ans, il ne l'étoit pas encore ; et redoutant le danger que brave et contre lequel vient trop souvent échouer une ardeur présomptueuse, le danger qu'on court de perdre la gloire à laquelle on aspire par l'aveugle impatience qu'on a de l'acquérir, il sut sacrifier le présent à l'avenir, et il voulut se préparer, par l'étude, des succès plus assurés et plus durables.

En conséquence, il traça le plan de ses travaux, il en détermina la matière, l'objet et l'ordre. Le droit, la littérature, l'histoire, les langues, les sciences, même les arts eurent leurs heures comptées et fixées : et, sagement économe du temps, du temps qui fuit si vite, comme pour nous avertir par sa rapidité de nous presser d'en jouir, il en fit la distribution, il en régla l'emploi avec cette précision mathématique qui ne laisse perdre ni un point dans l'espace, ni un instant dans la durée.

Au bas du tableau rédigé par écrit de ces devoirs qu'il s'imposoit à lui-même, j'ai lu ces mots que j'aime à retracer, parce qu'ils ont dans leur simplicité, dans leur négligence, une expression, un sens que rien ne leur rendroit: « *Je pense que je serai huit ans à la totalité;* » *je commencerai à remplir ce plan au mois* » *de décembre* 1753, *c'est-à-dire, à l'âge de* » *vingt ans* ».

J'ai arrêté un moment votre attention, Messieurs, sur ces premiers détails, quoiqu'ils puissent paroître minutieux, parce que pour connoître, pour juger un homme, il ne suffit pas de le voir sur la scène extérieure de sa vie publique; il faut le suivre dans son intérieur, le chercher dans ses pensées secrètes, dans ses actions solitaires, le surprendre avec lui-même. D'ailleurs, en vous montrant M. Target à cet âge où il est si facile d'être entraîné par les illusions de l'amour-propre, en vous le montrant assez fort pour résister à cette séduction, assez sage pour viser à une gloire plus tardive, mais plus réelle, assez courageux pour donner huit années continues à un travail obscur, aride et pénible, j'ai cru citer un exemple utile et offrir une instruction salutaire à ceux qui, se destinant à la carrière du barreau, doivent craindre de se hâter trop, et doivent surtout se pénétrer de cette grande pensée, que, sans la culture qui les prépare, la nature nous refuseroit les dons que chaque jour nous obtenons de sa libéralité.

Pendant tout le temps promis à cette laborieuse et sage préparation, M. Target ne se fit connoître que par des essais qui, de sa part, furent autant de promesses, et pour la patrie autant d'espérances. Mais arrivé au terme qu'il s'étoit prescrit, riche des dons de la nature, enrichi des dons du travail, il se jeta tout entier dans la lice judiciaire, et bientôt sa place y fut marquée parmi les premiers jurisconsultes et les premiers orateurs.

S'il n'existoit pas sur ce point une tradition constante de faits et d'opinion, je vous rappellerois une des premières causes dont M. Target fut chargé, dans laquelle il montra cet amour courageux de la justice qui ne cède à aucune considération, à aucune crainte, la cause du sieur Casotte et de la demoiselle Fouque, contre cette société puissante, qui, par des spéculations trop ambitieuses et par les procès qu'elles engendrèrent, ayant indiscrètement trahi le secret de son gouvernement, et donné lieu à l'autorité publique d'en examiner le système, provoqua et prépara ainsi elle-même son étonnante et rapide destruction.

Je rappellerois la cause des enfans Denisart,

dans laquelle il fit valoir, avec autant de cha-
leur de sentiment que de profondeur de doctrine, les droits si favorables de la minorité.

Je rappellerois cette cause dans laquelle il
développa une si vaste connoissance du droit
des gens, du droit de nation à nation, la cause
de Benjamin Beresford, prêtre de l'église angli-
cane, qui, marié en Angleterre avec une An-
glaise, suivant les lois d'Angleterre, et en
France accusé de rapt et décrété de prise de
corps, demandoit et obtint son renvoi devant
les juges de son pays, de son domicile et de
son état.

Et rappelant aussi la cause si intéressante des
habitans de Salency, auxquels un nouveau
seigneur vouloit ravir les honneurs jusqu'alors
respectés de l'antique et touchante fête de la
Rose, je cueillerois, pour les jeter sur sa tombe,
quelques-unes des fleurs qu'il sema sur cette discussion, et que son ame vertueuse se plut à
ajouter aux couronnes offertes à la vertu.

Mais tout ce que je dirois, les contemporains
s'en souviennent, les jeunes gens l'ont appris,
ces murs, ces voûtes l'attestent, et c'est bien
moins sous le rapport brillant des talens et des
succès, que sous le rapport moral des qualités
essentielles qui constituent, caractérisent, dis-

tinguent le véritable avocat, que je dois vous entretenir de M. Target. Que l'orateur s'empare de cette première partie de son éloge, la seconde appartient principalement au magistrat.

Parmi ces qualités dont M. Target offrit une si belle réunion, je ne releverai pas cette intégrité sévère qui, pour l'avocat, consiste dans l'examen impartial des causes qui lui sont présentées, et dans la circonspection scrupuleuse dont il doit s'environner avant de s'en charger.

Avocats, vous le savez, cette première magistrature que vous remplissez dans le secret de vos cabinets est votre plus belle prérogative; elle est la plus douce comme la plus utile de vos fonctions; et lorsque, par le noble exercice de cette juridiction intérieure, indépendante, conciliatrice et souveraine, vous répondez si dignement à la confiance de vos cliens, quels titres et quels droits n'acquérez-vous pas à la confiance de la justice et des magistrats.

Je ne louerai pas non plus M. Target du désintéressement dont il donna tant de preuves et un si constant exemple.

Rousseau a dit que *c'est dégrader la vertu que montrer qu'elle n'est pas un crime*, je craindrois de dégrader la profession d'avocat,

je craindrois d'offenser ceux qui, en l'exer-
çant, en ont le premier sentiment, en connois-
sent le premier devoir, si je m'attachois à
prouver que c'est le désintéressement qui en
constitue la noblesse et en garantit l'indépendance ; que le secours généreusement prêté
au pauvre, au foible, à l'opprimé, en est le
caractère distinctif, la plus sainte obligation;
et qu'autant cette profession, exercée d'après
ces principes, est ennoblie, autant elle est avilie
par les calculs mercenaires, par les spéculations intéressées, par les exactions sordides.

Je passerai aussi sous silence le mérite bien
reconnu en M. Target d'avoir su toujours allier
la véhémence et la retenue, l'énergie et la modération, le courage de la franchise et le devoir
des bienséances. N'est-il donc pas écrit dans toutes les âmes honnêtes, le précepte que Dagues-
seau retraçoit aux avocats dans ce même temple
consacré non moins à la décence et aux moeurs
qu'aux lois et à la justice ? « Refusez à vos
» parties, leur disoit-il, refusez-vous à vous-
» mêmes le plaisir inhumain d'une déclamation
» injurieuse, et si quelquefois l'intérêt de votre
» cause vous oblige d'articuler des reproches
» durs et amers, que la retenue avec laquelle
» vous les proposerez soit une preuve de leur

» vérité , et qu'il paroisse au public que la né-
» cessité de votre devoir vous arrache avec
» peine ce que la modération de votre esprit
» souhaiteroit de pouvoir dissimuler (1) ».

Mais ce qui appartient essentiellement à l'Eloge de M. Target, c'est de vous parler de cette élévation dans l'esprit, de cette grandeur dans les vues qui, le préservant du trop facile écueil de se retrécir et , pour ainsi dire , de s'isoler dans les intérêts privés qu'il étoit chargé de défendre , lui faisoient appercevoir et saisir dans les causes qu'il traitoit, tous leurs rapports avec la législation générale, avec la théorie de l'ordre social , lui révéloient cette sagesse cachée , cette raison plus parfaite des lois , reculée dans le fond de la méditation et de l'expérience , et l'investissoient ainsi dans le simple ministère de la défense d'une sorte de ministère public.

Ainsi , dans la cause d'Alliot fils forcé de réclamer des alimens contre son père , il ne se renferme pas dans le principe simple qui établit la réciprocité du devoir des alimens du père aux enfans, des enfans au père , il remonte aux principes immuables du droit naturel , à

____

(1) Discours, l'indépendance de l'avocat.

l'origine de la puissance paternelle, il en définit le véritable caractère, « c'est pour protéger, » dit-il, qu'elle fut donnée, elle n'est forte que » par l'amour , elle disparoît quand l'amour » cesse », et lorsque ce père irrité répond aux larmes de son fils, à ses supplications , par la menace terrible de l'exhérédation , avec quel respect d'abord M. Target oppose à la colère la nature, au cri fougueux de la passion le langage calme de la loi. Mais ensuite, traçant le tableau déchirant des rigueurs inouies que déjà ce père a exercées sur son malheureux enfant, avec quelle énergie il s'écrie : « Mais » l'exhérédation est un jugement, et vous avez » déployé votre colère..... quoi ! vous voulez » punir encore, et vous vous êtes vengé » !

Ainsi, dans la cause de la dame d'Anglure, dont il défendoit devant le conseil du roi l'état méconnu par un arrêt du parlement de Bordeaux, avec quelle profondeur et quelle science il expose, explique, rapproche, concilie la législation naturelle et la législation civile sur les mariages ! avec quelle érudition et quelle sensibilité il développe la doctrine rassurante de la possession d'état ! Mais combien il s'agrandit, lorsqu'oubliant et sa cliente et son procès pour s'élancer dans l'immensité de sa cause , il se constitue le défenseur des protestans, de cette classe nombreuse de Français trop long-temps persécutés, de leur existence, de leurs mariages, de l'état de leurs enfans, de la génération présente et des races futures ! et combien je le vois s'élever plus encore, lorsqu'après cet élan généreux d'une âme courageuse, il termine par l'expression de ce vœu modeste et touchant de l'avocat homme de bien : *Heureux si ce travail peut être encore utile à d'autres, et si, en nous occupant d'une seule affaire, nous avons servi la chose publique.*

Honneur au législateur qui, après un siècle de maux irréparables produits par l'intolérance, entendit enfin ce vœu et l'accueillit.... Honneur au magistrat vertueux, à l'homme d'état éclairé, au philosophe sensible, Honneur, éternel Honneur à l'illustre Malesherbes qui, par ses lumineux écrits, par ses sages conseils, par son influence morale, ayant fait rendre la loi du mois de novembre 1787, qui assuroit aux non-catholiques et l'état civil et le moyen de le constater légalement, posa, pour ainsi dire, la première pierre de cette législation plus parfaite, qui, aujourd'hui laissant en paix les consciences, laissant à chacun sa croyance, ses dogmes et son culte, voit d'un œil égal tous les hommes et n'exige d'eux que l'obéissance du citoyen.

En vous montrant M. Target constamment livré à de si hautes pensées et à de si nobles travaux, constamment occupé du bien dont l'exercice de sa profession lui offroit l'heureuse possibilité, il est inutile que j'ajoute qu'il dut être, qu'il fut toujours inaccessible à une mesquine jalousie, triste et ordinaire apanage des âmes étroites, des talens bornés, de la médiocrité et de l'insuffisance.

Cette réflexion qui se place ici d'elle-même, me conduit à vous dire, combien, au contraire, il sut apprécier et honorer dans les autres les qualités et les talens qui les distinguoient. Les noms justement estimés de ses concurrens, leur réputation honorablement acquise, ne furent jamais pour lui que les motifs d'une louable émulation. En eux il voyoit des modèles, et dans les jeunes gens qui se vouoient à l'étude des lois, voyant la génération nouvelle sur laquelle reposoit l'espérance du barreau, qu'il étoit honorable ce patronage de bienveillance et d'encouragement qu'il exerçoit envers eux ! Combien il étoit touchant de voir cette jeunesse intéressante réunie dans sa maison, où son aménité l'appeloit, où ses leçons l'instruisoient, où son appui la fortifioit, et où il préparoit ainsi pour l'avenir des hommes qui, liés au culte de la justice et de l'honneur, n'en laisseroient jamais éteindre le feu sacré !

J'insiste sur ce point : l'envie, cette sombre et haineuse rivale du mérite, a quelque chose de si bas, qu'autant pour remplir l'objet moral d'un éloge public, que pour honorer la mémoire de M. Target, je ne saurois trop répéter combien il fut toujours au-dessus de ce sentiment misérable.

Il fut le contemporain, l'émule, quelquefois le rival heureux du célèbre Gerbier; on se souvient encore au Palais du succès brillant qu'il obtint dans la fameuse cause de Damade contre les frères Queyssat, dans cette cause, exemple effrayant d'une des plus horribles tragédies que jamais le faux honneur ait produites. Si la tradition de cette affaire nous a conservé le mouvement si éloquent de Gerbier, lorsque, parlant du pistolet tiré par Damade sur un des frères Queyssat, il s'écria d'un ton pénétrant, *l'avez-vous entendu ?* et fit en effet retentir dans l'âme de tous ses auditeurs l'explosion de l'arme meurtrière, elle nous a conservé aussi l'impression que produisit la réplique soudaine et vive de Target qui, justifiant ce coup de pistolet par le tableau d'une provocation

combinée et poussée au dernier excès, s'écria
à son tour : *Si mon bras eût porté la foudre,
je l'aurois lancée sur cet homme ;* et peut-être
en rappelant cette cause dans laquelle les deux
orateurs déployèrent tant de richesse dans le
talent, tant de fécondité dans les moyens, tant
de variété et de véhémence dans ces mouve-
mens subits et prompts qui étonnent, entraî-
nent, subjuguent, peut-être me seroit-il permis d'essayer un parallèle ; mais non ! je pré-
fère que vous entendiez M. Target lui-même
louant M. Gerbier ; je crois que c'est la meil-
leure manière de les louer plus dignement tous
les deux.

Dans un discours solennel prononcé devant
une assemblée choisie, imposante et éclairée,
M. Target exprimoit le regret que la gloire de
l'avocat ne fût presque confiée qu'à des paroles
fugitives et bientôt oubliées, parce que rare-
ment elles se rattachent aux grands intérêts du
genre humain ; mais ne croyez pas que ce regret lui soit personnel, ni qu'il soit la plainte
d'un orgueil déplacé : c'est sur M. Gerbier
que sa pensée se porte et se fixe ; c'est à M. Gerbier que ce regret s'adresse. « *Il est un ora-*
» *teur,* dit-il tout de suite, *dont les talens*
» *honorent le barreau, dont la mémoire par-*
» *viendra*

» *viendra aussi jusqu'à nos neveux, mais ils*
» *seront privés de ces grâces nobles et faciles,*
» *de cette variété de mouvement, de cette jus-*
» *tesse inimitable d'action dont il offre, de-*
» *puis plus de trente ans, un modèle au public*
» *et à ses rivaux* (1) ».

Qu'il est touchant, cet hommage rendu au talent par le talent ! l'envie, la pâle envie eût-
elle parlé ainsi ?

Un événement d'une plus haute importance,
mais que je ne rappelle qu'historiquement,
parce que la démarcation des pouvoirs aujour-
d'hui mieux tracée éloigne à jamais la possibilité qu'il se reproduise, un grand événement
politique fit ressortir une autre qualité non
moins estimable de M. Target; je veux parler
de la conduite qu'il tint, de la fermeté qu'il
montra dans la circonstance critique de l'exil
du parlement de Paris en 1770; je veux parler de sa fidélité aux principes qu'il avoit em-
brassés, aux sermens par lesquels il se croyoit
lié; de cette fidélité qui, alors que les sacri-
fices qu'elle entraîne en attestent la bonne foi,
rend l'erreur même respectable; je veux par-

____

(1) Discours de réception de M. Target à l'Académie
française.

B

ler de son abdication absolue de toute fonc-
tion, de tout exercice, pendant tout le temps
où il crut que la nation étoit privée de ses
véritables magistrats.

Cette fermeté fixa sur lui les regards de la
capitale et de la France entière ; elle lui fit
donner alors un surnom dont, par la suite,
l'amabilité, pour ne pas dire la frivolité française qui s'attache même aux choses les plus
graves, a pu se jouer, mais dont l'occasion et
la cause ne nous rappellent pas moins le *justum
et tenacem* d'Horace, le *virum constantem* de
la loi.

Aussi, quel moment pour M. Target, lorsqu'après le rappel du parlement de Paris, il
vint, au nom de l'ordre des avocats, féliciter
sur leur retour ces magistrats dont il avoit
si généreusement embrassé la cause, suivi le
sort, et en quelque manière partagé la disgrâce!
L'estime publique, la confiance générale vin-
rent se replacer plus près de lui; une sorte
de respect universel vint l'environner, et ces
fonctions qu'il avoit si noblement suspendues
furent plus noblement encore reprises et con-
tinuées.

Pour achever ce tableau, que l'intérêt moral qui s'y rattache me fera pardonner d'avoir

peut-être trop agrandi, j'emprunte le pinceau de M. Target lui-même.

En 1775, une grande question étoit agitée devant le parlement de Paris; un avocat qui avoit été rayé du tableau, contestoit à l'ordre le droit et l'exercice de la censure sur ses membres. M. Target sentit combien cette insurrection pouvoit être dangereuse en atténuant parmi les avocats la puissance de l'opinion, en rendant moins nécessaire entre eux le besoin d'une estime réciproque, en détruisant cette juridiction intérieure et morale, en brisant ce ressort magique qui avoit formé et perpétué depuis des siècles cette tradition constante et pure d'honneur et de principes qui distinguoit si éminemment le barreau français. Jaloux de la dignité et de l'indépendance de sa profession, il écrivit pour les soutenir, pour les défendre, et ce fut en cette occasion qu'il publia un ouvrage intitulé *la Censure*, ouvrage plein de raison et d'esprit, de vérité et de sentiment, de force et de délicatesse, que je regrette de ne pouvoir mettre tout entier sous vos yeux, mais dont vous me permettrez d'extraire quelques lignes.

« Dans un corps de citoyens voués à des » fonctions utiles et honorables, dans lequel

» il faut des lumières et de la probité, où le
» travail est payé par l'honneur et rapporte
» peu d'argent, où de laborieuses veilles et des
» études fatigantes ne peuvent être adoucies
» que par le sentiment intérieur d'une consi-
» dération méritée...., dans un corps dont
» toutes les fonctions et tous les devoirs se com-
» posent de confiance, de délicatesse et d'hon-
» neur, où les relations les plus intimes, les
» communications les plus importantes, les con-
» fidences sans précaution n'ont d'autre garan-
» tie que la bonne foi et la droiture....; dans
» un corps dont les lois sévères et jalouses in-
» terdisent à ses membres tant de choses per-
» mises aux autres citoyens, où tout ce qui
» blesse la délicatesse est un crime, où la
» loyauté et la franchise doivent être tellement
» naturalisées qu'on puisse dire aux magistrats
» de chacun de ses membres, croyez un fait
» quand *Lenormand vous l'atteste*, et jugez
» sur sa foi comme si vous lisiez le titre....;
» dans un corps ainsi constitué, pourroit-il
» donc suffire de n'être pas criminel, de n'avoir
» pas encouru le blâme, les châtimens de la
» loi ?

» Ah ! comme l'honneur ne se maintient que
» par l'honneur, la confédération que nous

» avons formée pour le triomphe de la vérité
» et de la justice, ne peut aussi se maintenir
» que par la police du corps sur ses membres.
» Si vous détruisez, si vous affoiblissez cette
» utile censure, bientôt le corps dégénéré ne
» sera pas plus pur que le siècle; on ne crain-
» dra plus que la loi, et la belle chimère de
» l'honneur ne paroîtra plus que ridicule ».

Ainsi pensoit et écrivoit M. Target de la profession d'avocat, et ce qu'il en pensoit, ce qu'il
en disoit, n'étoit pas une pompeuse et vaine
théorie; il l'exerçoit d'après ces nobles principes, d'après l'idée grande et libérale qu'il
s'en étoit formée; il ne faut donc pas s'éton-
ner si, par ses qualités, encore plus que par
ses talens, il mérita et obtint parmi les avocats au parlement de Paris un rang si distin-
gué et si honorable.

Et cependant, toujours simple et modeste,
M. Target ne voyoit rien au-delà de ce plaisir
si pur que donnent les succès des principes et
de l'équité; il ne désiroit rien au-delà de ces
jouissances si précieuses à l'homme de bien,
l'estime publique et la confiance de ses conci-
toyens. « Au terme de ma carrière », c'est ainsi
qu'il s'exprimoit lui-même, « j'osois entrevoir
» quelque considération, quelques heureux

» souvenirs, et cette douce réputation qui n'a
» ni l'éclat, ni les orages de la renommée; ma
» paisible ambition avoit borné là tous ses
» vœux (1) ». Mais l'opinion publique lui préparoit une autre récompense; elle appeloit
l'homme éloquent, l'homme qui surtout avoit
su faire un si noble et si utile usage de l'éloquence, elle l'appeloit dans le temple consacré
aux lettres. M. Target fut nommé membre de
l'Académie française, et il y fut reçu le 10
mars 1785.

Cette époque de la vie de M. Target est très-
remarquable; il y avoit plus de cent ans qu'aucun avocat n'avoit été reçu à l'Académie française, et si l'on ne peut penser qu'avec peine
qu'un motif d'étiquette et de cérémonial en eût
fermé l'entrée à Normand, à Cochin, à Gerbier, on doit savoir gré à M. Target d'avoir
su concilier toutes les prétentions, applanir
toutes les difficultés, et d'avoir ainsi rouvert
la carrière académique à des hommes dont la
seconde qualité distinctive est d'être *dicendi
periti*, et qui, par état, doivent essentiellement
étudier la langue, la cultiver, concourir à la

---

(1) Discours de réception de M. Target à l'Académie
française.

maintenir dans toute sa pureté et même à en accroître les richesses.

Voici ce qu'écrivoit à cette occasion un membre de la même Académie, qui, au mérite d'avoir produit de bons ouvrages, joignit le mérite plus rare d'être un excellent critique.

« M. Target, avant de faire aucune démar-
» che pour entrer à l'Académie, a eu soin de
» prendre l'avis d'un certain nombre des plus
» anciens avocats. Cette déférence et la consi-
» dération personnelle dont il jouit, ont fait
» oublier les vieux préjugés de corps, et tout
» le barreau est venu partager le triomphe du
» récipiendaire. Son discours a été fort goûté et
» méritoit de l'être ; il est écrit de manière à jus-
» tifier le choix de l'Académie, en faisant voir
» qu'un grand avocat est fait pour être un bon
» écrivain. Il est vrai que le sujet qu'il traitoit
» n'est guère par lui-même qu'un lieu com-
» mun assez usé ; c'est un résumé des diffé-
» rentes révolutions que l'éloquence a éprou-
» vées chez tous les peuples : ce sujet a été
» traité cent fois, mais du moins le nouvel
» Académicien l'a rajeuni autant qu'il étoit
» possible par la rapidité de ses exposés, et la
» marche lumineuse de son discours, par l'a-
» dresse qu'il a eue de placer l'éloge de son

(24)

» prédécesseur au milieu de ses réflexions sur
» l'éloquence, par le ton noble et intéressant
» dont il a parlé de lui-même et de la profes-
» sion d'avocat. Tout cela prouvoit un homme
» supérieur à sa matière, et un esprit juste qui
» sent les convenances (1) ».

La même époque fut marquée pour M. Target, par un beau témoignage d'estime que lui rendit la cité de Newhaven, en Amérique, en envoyant au traducteur des observations du docteur Price sur l'importance de la révolution de l'Amérique et sur les moyens de la rendre utile au Monde, un diplôme honorable de citoyen libre de cette cité.

Telle fut l'existence utile, brillante, honorée de M. Target jusqu'au moment où la révolution planant sur la France comme un nuage épais chargé d'un orage terrible, vint l'arracher à son cabinet, à ses occupations, à ses cliens, pour le lancer dans la nouvelle carrière qu'ouvroit devant lui sa députation aux états-généraux.

Je n'entreprendrai pas de le suivre dans cette nouvelle carrière; l'histoire des hommes jetés au milieu des grandes agitations politiques,

____

(1) Correspondance littéraire de Laharpe, tom. 4.

est moins leur propre histoire que celle des circonstances qui les ont dominés, des événemens qui les ont entraînés ; d'ailleurs trop de souvenirs amers pourroient ou se mêler, ou se rattacher à mes récits. Eh ! pourquoi rappeler des jours que le génie plus rapide dans son vol que le temps ne l'est dans sa course, a déjà rejetés si loin de nous ! Pourquoi les rappeler, lorsque les résultats les plus consolans et les plus inespérés, lorsque l'état actuel si heureux, si florissant, si glorieux en commandent l'oubli ! Le navigateur rentré dans le port se souvient-il des horreurs et des dangers de la tempête ?

Mais si je détourne votre attention de ces souvenirs pénibles, si je considère dans le silence de l'admiration et de la reconnoissance par quelles voies incompréhensibles la Providence nous a conduits à ces résultats qui ont sauvé la France, qui l'ont relevée des bords de l'abîme dans lequel elle sembloit s'engloutir, plus forte, plus puissante, plus majestueuse, ne croyez pas que j'use de réticence pour éluder un fait personnel à M. Target, sur lequel l'opinion l'accuse, sur lequel, se confiant trop à la pureté de ses intentions et au témoignage qu'il s'en rendoit, il s'est peut-être accusé

lui-même; je veux parler du refus de défendre
le roi.

A ce mots, je le vois, l'attention publique
se porte vers moi avec surprise, avec inquié-
tude, comme pour m'avertir des difficultés qui
m'environnent, comme pour me signaler l'écueil
contre lequel je vais me briser.

O vous! qui m'entourez d'une bienveillance
si flatteuse, rassurez-vous et écoutez-moi : la
franchise, la bonne foi me sauveront de cet
écueil qu'une opinion vieillie et affermie a
placé sous mes pas. Non, je ne louerai pas ce qui
ne doit pas être loué; je n'essaierai pas de justi-
fier ce qui ne pourroit pas être justifié, et fidèle
à l'engagement que j'ai pris de me défendre
de toute prévention comme de toute partialité, je plaindrai sincèrement M. Target d'avoir
refusé le ministère que Louis lui demandoit
et que l'humanité réclamoit.

Mais craignons d'aller trop loin : Si M. Target ne put pas ou crut ne pouvoir pas se charger de la défense de Louis, qui de nous oseroit
pénétrer dans sa conscience, qui de nous oseroit la juger !

Si, convaincu dans son âme que, sous certains rapports, sur certains faits, la défense
de Louis ne pouvoit être que foible, il ne

s'étoit abstenu de s'en charger officiellement que dans la crainte de l'affoiblir toute entière, quel blâme auroit-il donc encouru !

Mais, dans le sanctuaire de la justice, j'ai le droit d'invoquer une maxime plus précise que celle du respect dû à la conscience; j'ai le droit d'invoquer cette maxime d'équité éternelle qui crie d'un bout de l'univers à l'autre : NE CON-DAMNEZ PAS SANS ENTENDRE.

Et alors, j'ose le demander : a-t-il donc lâchement déserté la cause de Louis ?

Celui qui, dans un écrit imprimé, publié, colporté, répandu, dénonça à la convention nationale son incompétence ?

Celui qui réclama hautement ou *l'inviolabilité du roi*, ou du moins *l'amnistie du citoyen ?*

Celui qui dit à la nation entière : parce que vous ne voulez plus de roi, faut-il punir celui-ci de l'avoir été? *Eh ! quelle loi raisonnable punira jamais le dernier des crimes possibles ?*

Celui enfin qui fit valoir avec autant de franchise que d'énergie toutes les raisons de droit et d'intérêt public qui pouvoient détourner la condamnation de Louis (1) ?

____

(1) Observations de Target sur le procès de Louis XVI, imprimées dans le temps, et récemment réimprimées par les soins de M. G. Hom.

Voilà pourtant ce que M. Target a professé et publié ; voilà ce qui existe, ce que l'amitié fidèle et généreuse a pris soin de rappeler il y a quelques mois pour l'honneur de sa mémoire, en faisant réimprimer cet écrit oublié, mais non moins constant, non moins authentique, dont je tiens dans mes mains un exemplaire de l'édition primitive et originale, et que mille personnes peuvent se souvenir d'avoir lu dans le temps.

Eh ! lorsque dans cette circonstance difficile, M. Target renonçant à tout ce qu'il eût obtenu de gloire, se dévouoit à ce qui ne lui offroit que du danger, faut-il, parce que, croyant avoir satisfait à ce qu'il devoit et à ce qu'il pouvoit, il a enveloppé sa tête dans son manteau, faut-il laisser peser sur elle, sur sa mémoire, l'impression fâcheuse et injuste, produite par un fait que ses détracteurs même n'ont pas seulement pris la peine d'approfondir ! Ah ! plaignons-le, mais ne le calomnions pas ; et fût-il vrai qu'à son insçu un sentiment involontaire et déguisé de foiblesse se fût mêlé aux motifs de son refus et en eût exagéré à ses yeux la consistance et la solidité, je le répéterois encore, plaignons-le, mais ne le calomnions pas.

Il me reste à présent à suivre M. Target dans le dernier période de sa vie, en le considérant comme magistrat.

En 1790, tandis qu'il étoit encore membre de l'Assemblée constituante, il fut nommé, par élection populaire, président du tribunal du sixième arrondissement de Paris. En l'an 3, le comité de législation de la Convention nationale le nomma président du tribunal du premier arrondissement de cette même ville. En l'an 7, le Directoire exécutif le nomma membre du tribunal de cassation; il y fut réélu par le Sénat conservateur, en germinal an 8 : là, ses fonctions et son exercice n'ont cessé que par sa mort.

Ici, Messieurs, ma marche sera plus rapide : des vertus simples, des travaux intérieurs, des service sans éclat, des fonctions uniformes et graves comportent peu la pompe d'un éloge. Mais l'objet dans lequel nous nous réunissons tous de fixer l'opinion véritable qui doit survivre à M. Target, ne sera pas moins rempli par l'énumération toute naïve des qualités qui le distinguèrent au milieu de nous.

Il y apporta les richesses qu'il avoit acquises par le travail de sa jeunesse, et qu'il avoit sans cesse accrues par son travail de chaque jour :

il y apporta cette longue expérience des affaires qui les simplifie, ce jugement exercé qui en fait plus aisément appercevoir la difficulté et en indique plus sûrement la solution : aussi quelle clarté dans ses rapports, quelle sagacité dans ses discussions, quelle justesse dans ses opinions, et avec tant d'avantages, quelle modestie! Si un avis contraire au sien étoit ouvert, quels égards en le combattant, s'il ne croyoit pas devoir s'y rendre, quelle déférence prompte et touchante, si cet avis contraire l'éclairoit et leramenoit !

C'est que M. Target professoit sincèrement, comme nous, la doctrine que j'aime à proclamer, que *l'autorité du magistrat*, surtout la nôtre, *n'est que la soumission à l'autorité de la loi ;* c'est qu'il étoit pénétré de ce sentiment élevé qui est le germe de toutes les qualités de l'homme public, qui impose silence à l'amour-propre, subjugue l'opiniâtreté, concilie toutes les volontés et les dirige vers le même but; c'est qu'il étoit pénétré de l'amour de son état, de l'amour de la vérité, de cet amour profond de la justice dans lequel il s'étoit élevé, nourri, fortifié, et qui étoit devenu l'élément, l'habitude, le besoin de sa vie.

De là une assiduité édifiante à ses devoirs,

un emploi du temps toujours utile, de là cette simplicité de mœurs qui doit être l'unique faste du magistrat, mais dont je reprocherois presque à M. Target l'excès qui isole, et qui le rapprochoit trop d'une obscurité pour laquelle il n'étoit pas né.

Mais non ! cette espèce d'isolement dans lequel M. Target a passé les derniers temps de sa vie, tenoit à un motif trop respectable pour qu'il puisse être blâmé. Convaincu, ce sont ses propres expressions que j'emploie, convaincu que, *sans les douceurs de la vie domestique, le bonheur n'est qu'une fatigante chimère*, il se consacra exclusivement à ses devoirs publics comme magistrat, à ses devoirs intérieurs comme époux et père, et certes, dans un tel partage, le premier lot étoit celui de la vertu !

Mais il étoit environné d'une réputation trop bien établie, vous le voyiez de trop près, et vous saviez trop bien l'apprécier, pour que la simplicité de ses mœurs et de sa vie ne fût pas un titre de plus à votre confiance et à votre estime. Vous lui en donnâtes un témoignage trop beau pour ne pas le rappeler, lorsque vos suffrages unanimes le nommèrent un des commissaires chargés de présenter au Gouvernement les observations qu'il vous demandoit sur le projet du Code civil, de ce Code dont la pensée et l'exé-cution sont un si grand bienfait, de ce Code que les nations s'empressent d'adopter et de s'approprier, de ce Code dont l'immortalité est à la fois garantie par sa profonde sagesse et par le grand nom qui y est attaché.

Le Gouvernement, constant dans la vaste et sublime pensée de fonder une législation en-tière, générale, uniforme et mieux adaptée aux temps, aux mœurs, au caractère national et à nos institutions, apperçut et distingua plus honorablement encore M. Target, en mettant son nom à côté des noms justement estimés de MM. Treilhard, Viellart, Oudart et Blondel, en le nommant avec eux pour la préparation et la rédaction d'un projet de Code criminel, et en l'appelant ensuite, avec ses dignes coopé-rateurs, au conseil d'état, pour y en suivre la discussion.

Si cette discussion a été interrompue, si les circonstances n'ont pas encore permis que le caractère et le sceau de la loi fussent impri-més à ce projet de Code, du moins le tra-vail de M. Target, ses pensées, ses vues, le discours dans lequel il les a si éloquemment développées nous restent, ces utiles matériaux

aideront

aideront à la confection de la loi , et la reconnoissance d'un bienfait qu'il aura préparé ne
demeurera pas moins attachée à son nom et à
sa mémoire.

En parcourant la vie de M. Target, en vous
en retraçant les principaux traits, j'ai cherché,
Messieurs, à vous faire illusion , à me tromper
moi-même , en éloignant la pensée de sa mort ;
inutile soin ! l'homme ne sauroit se soustraire
à l'ordre de la nature. M. Target mourut le 9
septembre 1806 , et il est trop vrai qu'il ne reste
de lui que sa mémoire !

Mais sa mémoire chère à sa famille , chèr
aux gens de bien , que le barreau français con-
servera avec respect , que vos regrets honorent,
devant laquelle la prévention même fléchira ,
n'est-elle pas encore , pour lui , une sorte d'existence !

Pour nous , Messieurs , le souvenir de sa vie
sera l'adoucissement du souvenir de sa mort :
de sa mort......., et il avoit à peine entrevu
l'aurore des beaux jours promis à la France...,
et il ne verra pas se réaliser les améliorations
dont il avoit la théorie dans l'esprit et le vœu
dans le cœur....., et il ne verra pas sa patrie
tranquille, illustrée, s'élever au plus haut de-
gré de prospérité, sous l'influence d'un gou-

vernement tutélaire et régénérateur..... Ah!
c'est sous un tel gouvernement, c'est sous l'em-
pire du plus grand des héros, du plus sage des
monarques, du plus étonnant des hommes,
qu'il est permis d'envier l'avenir de ceux qui
naissent, et qu'il faut verser des pleurs plus
amers sur ceux que la tombe engloutit.

www.ingramcontent.com/pod-product-compliance
Ingram Content Group UK Ltd.
Pitfield, Milton Keynes, MK11 3LW, UK
UKHW022232070726
13613UKWH00004B/1894